SUN   MON   TUE   WED   THU   FRI   SAT

JAN | FEB | MAR | APR | MAY | JUN | JUL | AUG | SEP | OCT | NOV | DEC

1 2 3 4 5 6 7 8 9 10 11 12 13 14 15 16 17 18 19 20 21 22 23 24 25 26 27 28 29 30 31

MEETING TOPIC:

ACTION ITEMS: | **NOTES:**

I0474795

SUN   MON   TUE   WED   THU   FRI   SAT

JAN | FEB | MAR | APR | MAY | JUN | JUL | AUG | SEP | OCT | NOV | DEC

1 2 3 4 5 6 7 8 9 10 11 12 13 14 15 16 17 18 19 20 21 22 23 24 25 26 27 28 29 30 31

MEETING TOPIC:

ACTION ITEMS:	NOTES:

A	B	C	D	E	F	G	H	I	J	K	L	M	N	O	P	Q	R	S	T	U	V	W	X	Y	Z
			J			V	Q					B	N					G							

M _ _ _ _ _ G _ _ _ _ _ _ M _ _ _ _ _ T _ T _ _ T H _ _ _ _ _ _ _ N D
B U   V E F M   B F A D   H G   G E   G Q D   Z D D A D N J

SUN   MON   TUE   WED   THU   FRI   SAT

JAN | FEB | MAR | APR | MAY | JUN | JUL | AUG | SEP | OCT | NOV | DEC

1 2 3 4 5 6 7 8 9 10 11 12 13 14 15 16 17 18 19 20 21 22 23 24 25 26 27 28 29 30 31

MEETING TOPIC:

ACTION ITEMS: | **NOTES:**

SUN   MON   TUE   WED   THU   FRI   SAT

JAN | FEB | MAR | APR | MAY | JUN | JUL | AUG | SEP | OCT | NOV | DEC

1 2 3 4 5 6 7 8 9 10 11 12 13 14 15 16 17 18 19 20 21 22 23 24 25 26 27 28 29 30 31

MEETING TOPIC:

ACTION ITEMS: **NOTES:**

SUN   MON   TUE   WED   THU   FRI   SAT

JAN | FEB | MAR | APR | MAY | JUN | JUL | AUG | SEP | OCT | NOV | DEC

1 2 3 4 5 6 7 8 9 10 11 12 13 14 15 16 17 18 19 20 21 22 23 24 25 26 27 28 29 30 31

MEETING TOPIC:

ACTION ITEMS:

NOTES:

SUN   MON   TUE   WED   THU   FRI   SAT

JAN | FEB | MAR | APR | MAY | JUN | JUL | AUG | SEP | OCT | NOV | DEC

1 2 3 4 5 6 7 8 9 10 11 12 13 14 15 16 17 18 19 20 21 22 23 24 25 26 27 28 29 30 31

MEETING TOPIC:

ACTION ITEMS:	NOTES:

TODAY IS ONE OF THOSE DAYS THAT EVEN MY COFFEE NEEDS A COFFEE.
- ANONYMOUS

SUN MON TUE WED THU FRI SAT

JAN | FEB | MAR | APR | MAY | JUN | JUL | AUG | SEP | OCT | NOV | DEC

1 2 3 4 5 6 7 8 9 10 11 12 13 14 15 16 17 18 19 20 21 22 23 24 25 26 27 28 29 30 31

MEETING TOPIC:

| **ACTION ITEMS:** | **NOTES:** |

SUN   MON   TUE   WED   THU   FRI   SAT

JAN | FEB | MAR | APR | MAY | JUN | JUL | AUG | SEP | OCT | NOV | DEC

1 2 3 4 5 6 7 8 9 10 11 12 13 14 15 16 17 18 19 20 21 22 23 24 25 26 27 28 29 30 31

MEETING TOPIC:

ACTION ITEMS: **NOTES:**

SUN　　MON　TUE　　WED　THU　　FRI　　SAT

JAN | FEB | MAR | APR | MAY | JUN | JUL | AUG | SEP | OCT | NOV | DEC

1 2 3 4 5 6 7 8 9 10 11 12 13 14 15 16 17 18 19 20 21 22 23 24 25 26 27 28 29 30 31

MEETING TOPIC:

ACTION ITEMS:　　**NOTES:**

| SUN | MON | TUE | WED | THU | FRI | SAT |

JAN | FEB | MAR | APR | MAY | JUN | JUL | AUG | SEP | OCT | NOV | DEC

1 2 3 4 5 6 7 8 9 10 11 12 13 14 15 16 17 18 19 20 21 22 23 24 25 26 27 28 29 30 31

MEETING TOPIC:

ACTION ITEMS:

NOTES:

SUN   MON   TUE   WED   THU   FRI   SAT

JAN | FEB | MAR | APR | MAY | JUN | JUL | AUG | SEP | OCT | NOV | DEC

1 2 3 4 5 6 7 8 9 10 11 12 13 14 15 16 17 18 19 20 21 22 23 24 25 26 27 28 29 30 31

MEETING TOPIC:

ACTION ITEMS:	NOTES:

SUN   MON   TUE   WED   THU   FRI   SAT

JAN | FEB | MAR | APR | MAY | JUN | JUL | AUG | SEP | OCT | NOV | DEC

1 2 3 4 5 6 7 8 9 10 11 12 13 14 15 16 17 18 19 20 21 22 23 24 25 26 27 28 29 30 31

MEETING TOPIC:

ACTION ITEMS: **NOTES:**

SUN   MON   TUE   WED   THU   FRI   SAT

JAN | FEB | MAR | APR | MAY | JUN | JUL | AUG | SEP | OCT | NOV | DEC

1 2 3 4 5 6 7 8 9 10 11 12 13 14 15 16 17 18 19 20 21 22 23 24 25 26 27 28 29 30 31

MEETING TOPIC:

ACTION ITEMS: **NOTES:**

SUN   MON   TUE   WED   THU   FRI   SAT

JAN | FEB | MAR | APR | MAY | JUN | JUL | AUG | SEP | OCT | NOV | DEC

1 2 3 4 5 6 7 8 9 10 11 12 13 14 15 16 17 18 19 20 21 22 23 24 25 26 27 28 29 30 31

MEETING TOPIC:

ACTION ITEMS: **NOTES:**

SUN   MON   TUE   WED   THU   FRI   SAT

JAN | FEB | MAR | APR | MAY | JUN | JUL | AUG | SEP | OCT | NOV | DEC

1 2 3 4 5 6 7 8 9 10 11 12 13 14 15 16 17 18 19 20 21 22 23 24 25 26 27 28 29 30 31

MEETING TOPIC:

ACTION ITEMS: | **NOTES:**

SUN   MON   TUE   WED   THU   FRI   SAT

JAN | FEB | MAR | APR | MAY | JUN | JUL | AUG | SEP | OCT | NOV | DEC

1 2 3 4 5 6 7 8 9 10 11 12 13 14 15 16 17 18 19 20 21 22 23 24 25 26 27 28 29 30 31

MEETING TOPIC:

ACTION ITEMS: **NOTES:**

MEETING TOPIC:

ACTION ITEMS:	NOTES:

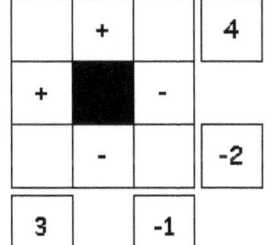

Try to fill in the missing numbers.

Use the numbers 1 through 4 to complete the equations.

Each number is only used once.
Each row is a math equation. Work from left to right.
Each column is a math equation. Work from top to bottom.

SUN   MON   TUE   WED   THU   FRI   SAT

JAN | FEB | MAR | APR | MAY | JUN | JUL | AUG | SEP | OCT | NOV | DEC

1 2 3 4 5 6 7 8 9 10 11 12 13 14 15 16 17 18 19 20 21 22 23 24 25 26 27 28 29 30 31

MEETING TOPIC:

ACTION ITEMS: | **NOTES:**

JAN | FEB | MAR | APR | MAY | JUN | JUL | AUG | SEP | OCT | NOV | DEC

1 2 3 4 5 6 7 8 9 10 11 12 13 14 15 16 17 18 19 20 21 22 23 24 25 26 27 28 29 30 31

MEETING TOPIC:

ACTION ITEMS: | **NOTES:**

SUN   MON   TUE   WED   THU   FRI   SAT

JAN | FEB | MAR | APR | MAY | JUN | JUL | AUG | SEP | OCT | NOV | DEC

1 2 3 4 5 6 7 8 9 10 11 12 13 14 15 16 17 18 19 20 21 22 23 24 25 26 27 28 29 30 31

MEETING TOPIC:

ACTION ITEMS: **NOTES:**

SUN　MON　TUE　WED　THU　FRI　SAT

JAN | FEB | MAR | APR | MAY | JUN | JUL | AUG | SEP | OCT | NOV | DEC

1　2　3　4　5　6　7　8　9　10　11　12　13　14　15　16　17　18　19　20　21　22　23　24　25　26　27　28　29　30　31

MEETING TOPIC:

ACTION ITEMS:　　**NOTES:**

YOU HAVE REACHED AN AUTOMATED ANSWERING SERVICE

PLEASE WAIT AND THINK A BIT ABOUT HOW LITTLE YOUR CALL MEANS TO US.

IF YOU HAVE A TOUCH TONE PHONE, PLEASE DIAL YOUR OWN NUMBER SO YOU CAN TALK TO YOURSELF.

WHEN YOU HEAR A BEEP, PLEASE PRESS "2" AND WAIT 291 SECONDS BEFORE YOU HANG UP AND RE-DIAL.

SUN   MON   TUE   WED   THU   FRI   SAT

JAN | FEB | MAR | APR | MAY | JUN | JUL | AUG | SEP | OCT | NOV | DEC

1 2 3 4 5 6 7 8 9 10 11 12 13 14 15 16 17 18 19 20 21 22 23 24 25 26 27 28 29 30 31

MEETING TOPIC:

ACTION ITEMS: **NOTES:**

SUN   MON   TUE   WED   THU   FRI   SAT

JAN | FEB | MAR | APR | MAY | JUN | JUL | AUG | SEP | OCT | NOV | DEC

1 2 3 4 5 6 7 8 9 10 11 12 13 14 15 16 17 18 19 20 21 22 23 24 25 26 27 28 29 30 31

MEETING TOPIC:

ACTION ITEMS:	**NOTES:**

SUN **MON** **TUE** **WED** **THU** **FRI** **SAT**

JAN | FEB | MAR | APR | MAY | JUN | JUL | AUG | SEP | OCT | NOV | DEC

1 2 3 4 5 6 7 8 9 10 11 12 13 14 15 16 17 18 19 20 21 22 23 24 25 26 27 28 29 30 31

MEETING TOPIC:

ACTION ITEMS: **NOTES:**

"THERE IS NO CONVERSATION MORE BORING THAN THE ONE WHERE EVERYBODY AGREES."
- MICHEL DE MONTAIGNE

SUN   MON   TUE   WED   THU   FRI   SAT

JAN | FEB | MAR | APR | MAY | JUN | JUL | AUG | SEP | OCT | NOV | DEC

1 2 3 4 5 6 7 8 9 10 11 12 13 14 15 16 17 18 19 20 21 22 23 24 25 26 27 28 29 30 31

MEETING TOPIC:

ACTION ITEMS: | **NOTES:**

SUN   MON   TUE   WED   THU   FRI   SAT

JAN | FEB | MAR | APR | MAY | JUN | JUL | AUG | SEP | OCT | NOV | DEC

1 2 3 4 5 6 7 8 9 10 11 12 13 14 15 16 17 18 19 20 21 22 23 24 25 26 27 28 29 30 31

MEETING TOPIC:

ACTION ITEMS:	NOTES:

SUN　　MON　TUE　　WED　THU　　FRI　　SAT

JAN | FEB | MAR | APR | MAY | JUN | JUL | AUG | SEP | OCT | NOV | DEC

1 2 3 4 5 6 7 8 9 10 11 12 13 14 15 16 17 18 19 20 21 22 23 24 25 26 27 28 29 30 31

MEETING TOPIC:

ACTION ITEMS: **NOTES:**

JAN | FEB | MAR | APR | MAY | JUN | JUL | AUG | SEP | OCT | NOV | DEC

1 2 3 4 5 6 7 8 9 10 11 12 13 14 15 16 17 18 19 20 21 22 23 24 25 26 27 28 29 30 31

MEETING TOPIC:

ACTION ITEMS:	**NOTES:**

A	B	C	D	E	F	G	H	I	J	K	L	M	N	O	P	Q	R	S	T	U	V	W	X	Y	Z
	U					A	J					D	N												

B _ _ _ N _ _ _ _ G B _ _ N G H _ M _ _ H
U K C P N B C C M P A U T P N A C J I D B R J B

B _ _ _ N
U X O I N

SUN   MON   TUE   WED   THU   FRI   SAT

JAN | FEB | MAR | APR | MAY | JUN | JUL | AUG | SEP | OCT | NOV | DEC

1 2 3 4 5 6 7 8 9 10 11 12 13 14 15 16 17 18 19 20 21 22 23 24 25 26 27 28 29 30 31

MEETING TOPIC:

ACTION ITEMS: | **NOTES:**

SUN   MON   TUE   WED   THU   FRI   SAT

JAN | FEB | MAR | APR | MAY | JUN | JUL | AUG | SEP | OCT | NOV | DEC

1 2 3 4 5 6 7 8 9 10 11 12 13 14 15 16 17 18 19 20 21 22 23 24 25 26 27 28 29 30 31

MEETING TOPIC:

ACTION ITEMS:	NOTES:

SUN   MON   TUE   WED   THU   FRI   SAT

JAN | FEB | MAR | APR | MAY | JUN | JUL | AUG | SEP | OCT | NOV | DEC

1 2 3 4 5 6 7 8 9 10 11 12 13 14 15 16 17 18 19 20 21 22 23 24 25 26 27 28 29 30 31

MEETING TOPIC:

ACTION ITEMS: | **NOTES:**

SUN   MON   TUE   WED   THU   FRI   SAT

JAN | FEB | MAR | APR | MAY | JUN | JUL | AUG | SEP | OCT | NOV | DEC

1 2 3 4 5 6 7 8 9 10 11 12 13 14 15 16 17 18 19 20 21 22 23 24 25 26 27 28 29 30 31

MEETING TOPIC:

ACTION ITEMS:	NOTES:

SUN   MON   TUE   WED   THU   FRI   SAT

JAN | FEB | MAR | APR | MAY | JUN | JUL | AUG | SEP | OCT | NOV | DEC

1 2 3 4 5 6 7 8 9 10 11 12 13 14 15 16 17 18 19 20 21 22 23 24 25 26 27 28 29 30 31

MEETING TOPIC:

ACTION ITEMS: **NOTES:**

SUN　　MON　TUE　　WED　THU　　FRI　　SAT

JAN | FEB | MAR | APR | MAY | JUN | JUL | AUG | SEP | OCT | NOV | DEC

1　2　3　4　5　6　7　8　9　10　11　12　13　14　15　16　17　18　19　20　21　22　23　24　25　26　27　28　29　30　31

MEETING TOPIC:

ACTION ITEMS:	NOTES:

SUN   MON   TUE   WED   THU   FRI   SAT

JAN | FEB | MAR | APR | MAY | JUN | JUL | AUG | SEP | OCT | NOV | DEC

1 2 3 4 5 6 7 8 9 10 11 12 13 14 15 16 17 18 19 20 21 22 23 24 25 26 27 28 29 30 31

MEETING TOPIC:

ACTION ITEMS: | **NOTES:**

TH	CH	AIR	THE	PA	IS	OF	MY

MES	ETI	TH	AT	EST	E	B	IVE	SW

SOM	JOB	LS	RT

Unscramble the tiles to reveal a message.

SUN   MON   TUE   WED   THU   FRI   SAT

JAN | FEB | MAR | APR | MAY | JUN | JUL | AUG | SEP | OCT | NOV | DEC

1 2 3 4 5 6 7 8 9 10 11 12 13 14 15 16 17 18 19 20 21 22 23 24 25 26 27 28 29 30 31

MEETING TOPIC:

ACTION ITEMS:	NOTES:

	SUN	MON	TUE	WED	THU	FRI	SAT

JAN | FEB | MAR | APR | MAY | JUN | JUL | AUG | SEP | OCT | NOV | DEC

1 2 3 4 5 6 7 8 9 10 11 12 13 14 15 16 17 18 19 20 21 22 23 24 25 26 27 28 29 30 31

MEETING TOPIC:

ACTION ITEMS:	**NOTES:**

SUN   MON   TUE   WED   THU   FRI   SAT

JAN | FEB | MAR | APR | MAY | JUN | JUL | AUG | SEP | OCT | NOV | DEC

1 2 3 4 5 6 7 8 9 10 11 12 13 14 15 16 17 18 19 20 21 22 23 24 25 26 27 28 29 30 31

MEETING TOPIC:

ACTION ITEMS:	NOTES:

SUN   MON   TUE   WED   THU   FRI   SAT

JAN | FEB | MAR | APR | MAY | JUN | JUL | AUG | SEP | OCT | NOV | DEC

1 2 3 4 5 6 7 8 9 10 11 12 13 14 15 16 17 18 19 20 21 22 23 24 25 26 27 28 29 30 31

MEETING TOPIC:

ACTION ITEMS:	NOTES:

SUN   MON   TUE   WED   THU   FRI   SAT

JAN | FEB | MAR | APR | MAY | JUN | JUL | AUG | SEP | OCT | NOV | DEC

1 2 3 4 5 6 7 8 9 10 11 12 13 14 15 16 17 18 19 20 21 22 23 24 25 26 27 28 29 30 31

MEETING TOPIC:

ACTION ITEMS: **NOTES:**

SUN   MON   TUE   WED   THU   FRI   SAT

JAN | FEB | MAR | APR | MAY | JUN | JUL | AUG | SEP | OCT | NOV | DEC

1 2 3 4 5 6 7 8 9 10 11 12 13 14 15 16 17 18 19 20 21 22 23 24 25 26 27 28 29 30 31

MEETING TOPIC:

ACTION ITEMS:	**NOTES:**

SUN   MON   TUE   WED   THU   FRI   SAT

JAN | FEB | MAR | APR | MAY | JUN | JUL | AUG | SEP | OCT | NOV | DEC

1 2 3 4 5 6 7 8 9 10 11 12 13 14 15 16 17 18 19 20 21 22 23 24 25 26 27 28 29 30 31

MEETING TOPIC:

ACTION ITEMS:	NOTES:

SUN   MON   TUE   WED   THU   FRI   SAT

JAN | FEB | MAR | APR | MAY | JUN | JUL | AUG | SEP | OCT | NOV | DEC

1 2 3 4 5 6 7 8 9 10 11 12 13 14 15 16 17 18 19 20 21 22 23 24 25 26 27 28 29 30 31

MEETING TOPIC:

ACTION ITEMS: **NOTES:**

EARL, I'VE ALWAYS FELT A NEW EMPLOYEE CANT
DEVELOP HIS TALENTS AND CAPABILITIES IN AN
ATMOSPHERE OF FAULTFINDING AND DISAPPROVAL.
THATS WHY IM FIRING YOU WITHOUT EVER HAVING
SPOKEN TO YOU ABOUT YOUR PERFORMANCE.

by Roddy Thorleifson   no rights reserved

SUN   MON   TUE   WED   THU   FRI   SAT

JAN | FEB | MAR | APR | MAY | JUN | JUL | AUG | SEP | OCT | NOV | DEC

1 2 3 4 5 6 7 8 9 10 11 12 13 14 15 16 17 18 19 20 21 22 23 24 25 26 27 28 29 30 31

MEETING TOPIC:

ACTION ITEMS:	NOTES:

SUN   MON   TUE   WED   THU   FRI   SAT

JAN | FEB | MAR | APR | MAY | JUN | JUL | AUG | SEP | OCT | NOV | DEC

1 2 3 4 5 6 7 8 9 10 11 12 13 14 15 16 17 18 19 20 21 22 23 24 25 26 27 28 29 30 31

MEETING TOPIC:

ACTION ITEMS: **NOTES:**

SUN   MON   TUE   WED   THU   FRI   SAT

JAN | FEB | MAR | APR | MAY | JUN | JUL | AUG | SEP | OCT | NOV | DEC

1 2 3 4 5 6 7 8 9 10 11 12 13 14 15 16 17 18 19 20 21 22 23 24 25 26 27 28 29 30 31

MEETING TOPIC:

ACTION ITEMS: | **NOTES:**

SUN   MON   TUE   WED   THU   FRI   SAT

JAN | FEB | MAR | APR | MAY | JUN | JUL | AUG | SEP | OCT | NOV | DEC

1 2 3 4 5 6 7 8 9 10 11 12 13 14 15 16 17 18 19 20 21 22 23 24 25 26 27 28 29 30 31

MEETING TOPIC:

ACTION ITEMS:

NOTES:

JAN | FEB | MAR | APR | MAY | JUN | JUL | AUG | SEP | OCT | NOV | DEC

1 2 3 4 5 6 7 8 9 10 11 12 13 14 15 16 17 18 19 20 21 22 23 24 25 26 27 28 29 30 31

MEETING TOPIC:

ACTION ITEMS:

NOTES:

SUN   MON   TUE   WED   THU   FRI   SAT

JAN | FEB | MAR | APR | MAY | JUN | JUL | AUG | SEP | OCT | NOV | DEC

1 2 3 4 5 6 7 8 9 10 11 12 13 14 15 16 17 18 19 20 21 22 23 24 25 26 27 28 29 30 31

MEETING TOPIC:

ACTION ITEMS: | **NOTES:**

SUN   MON   TUE   WED   THU   FRI   SAT

JAN | FEB | MAR | APR | MAY | JUN | JUL | AUG | SEP | OCT | NOV | DEC

1 2 3 4 5 6 7 8 9 10 11 12 13 14 15 16 17 18 19 20 21 22 23 24 25 26 27 28 29 30 31

MEETING TOPIC:

ACTION ITEMS: | **NOTES:**

SUN   MON   TUE   WED   THU   FRI   SAT

JAN | FEB | MAR | APR | MAY | JUN | JUL | AUG | SEP | OCT | NOV | DEC

1 2 3 4 5 6 7 8 9 10 11 12 13 14 15 16 17 18 19 20 21 22 23 24 25 26 27 28 29 30 31

MEETING TOPIC:

ACTION ITEMS: **NOTES:**

"I LIKE WORK: IT FASCINATES ME. I CAN SIT AND LOOK AT IT FOR HOURS."
- JEROME K. JEROME

SUN   MON   TUE   WED   THU   FRI   SAT

JAN | FEB | MAR | APR | MAY | JUN | JUL | AUG | SEP | OCT | NOV | DEC

1 2 3 4 5 6 7 8 9 10 11 12 13 14 15 16 17 18 19 20 21 22 23 24 25 26 27 28 29 30 31

MEETING TOPIC:

ACTION ITEMS:	NOTES:

SUN   MON   TUE   WED   THU   FRI   SAT

JAN | FEB | MAR | APR | MAY | JUN | JUL | AUG | SEP | OCT | NOV | DEC

1 2 3 4 5 6 7 8 9 10 11 12 13 14 15 16 17 18 19 20 21 22 23 24 25 26 27 28 29 30 31

MEETING TOPIC:

ACTION ITEMS: | **NOTES:**

SUN   MON   TUE   WED   THU   FRI   SAT

JAN | FEB | MAR | APR | MAY | JUN | JUL | AUG | SEP | OCT | NOV | DEC

1 2 3 4 5 6 7 8 9 10 11 12 13 14 15 16 17 18 19 20 21 22 23 24 25 26 27 28 29 30 31

MEETING TOPIC:

ACTION ITEMS: | **NOTES:**

SUN   MON   TUE   WED   THU   FRI   SAT

JAN | FEB | MAR | APR | MAY | JUN | JUL | AUG | SEP | OCT | NOV | DEC

1 2 3 4 5 6 7 8 9 10 11 12 13 14 15 16 17 18 19 20 21 22 23 24 25 26 27 28 29 30 31

MEETING TOPIC:

ACTION ITEMS:

NOTES:

SUN   MON   TUE   WED   THU   FRI   SAT

JAN | FEB | MAR | APR | MAY | JUN | JUL | AUG | SEP | OCT | NOV | DEC

1 2 3 4 5 6 7 8 9 10 11 12 13 14 15 16 17 18 19 20 21 22 23 24 25 26 27 28 29 30 31

MEETING TOPIC:

ACTION ITEMS: | **NOTES:**

SUN   MON   TUE   WED   THU   FRI   SAT

JAN | FEB | MAR | APR | MAY | JUN | JUL | AUG | SEP | OCT | NOV | DEC

1 2 3 4 5 6 7 8 9 10 11 12 13 14 15 16 17 18 19 20 21 22 23 24 25 26 27 28 29 30 31

MEETING TOPIC:

ACTION ITEMS:	**NOTES:**

SUN   MON   TUE   WED   THU   FRI   SAT

JAN | FEB | MAR | APR | MAY | JUN | JUL | AUG | SEP | OCT | NOV | DEC

1 2 3 4 5 6 7 8 9 10 11 12 13 14 15 16 17 18 19 20 21 22 23 24 25 26 27 28 29 30 31

MEETING TOPIC:

ACTION ITEMS: | **NOTES:**

SUN   MON   TUE   WED   THU   FRI   SAT

JAN | FEB | MAR | APR | MAY | JUN | JUL | AUG | SEP | OCT | NOV | DEC

1 2 3 4 5 6 7 8 9 10 11 12 13 14 15 16 17 18 19 20 21 22 23 24 25 26 27 28 29 30 31

MEETING TOPIC:

ACTION ITEMS:	**NOTES:**

"OUT OF CLUTTER, FIND SIMPLICITY."
- ALBERT EINSTEIN

SUN   MON   TUE   WED   THU   FRI   SAT

JAN | FEB | MAR | APR | MAY | JUN | JUL | AUG | SEP | OCT | NOV | DEC

1 2 3 4 5 6 7 8 9 10 11 12 13 14 15 16 17 18 19 20 21 22 23 24 25 26 27 28 29 30 31

MEETING TOPIC:

ACTION ITEMS:	NOTES:

SUN   MON   TUE   WED   THU   FRI   SAT

JAN | FEB | MAR | APR | MAY | JUN | JUL | AUG | SEP | OCT | NOV | DEC

1 2 3 4 5 6 7 8 9 10 11 12 13 14 15 16 17 18 19 20 21 22 23 24 25 26 27 28 29 30 31

MEETING TOPIC:

ACTION ITEMS: **NOTES:**

SUN   MON   TUE   WED   THU   FRI   SAT

JAN | FEB | MAR | APR | MAY | JUN | JUL | AUG | SEP | OCT | NOV | DEC

1 2 3 4 5 6 7 8 9 10 11 12 13 14 15 16 17 18 19 20 21 22 23 24 25 26 27 28 29 30 31

MEETING TOPIC:

ACTION ITEMS: | **NOTES:**

MEETING TOPIC:

ACTION ITEMS: | **NOTES:**

NYEEMNUTMPOL

RIKTES

DOILYAH

RETMIENETR

OEND

TEESIRDPN

TEEVOIRM

NIELDMSS

UNSCRAMBLE EACH OF THE CLUE WORDS.

TAKE THE LETTERS THAT APPEAR IN BOXES AND
UNSCRAMBLE THEM FOR THE FINAL MESSAGE.

SUN   MON   TUE   WED   THU   FRI   SAT

JAN | FEB | MAR | APR | MAY | JUN | JUL | AUG | SEP | OCT | NOV | DEC

1 2 3 4 5 6 7 8 9 10 11 12 13 14 15 16 17 18 19 20 21 22 23 24 25 26 27 28 29 30 31

MEETING TOPIC:

ACTION ITEMS: | **NOTES:**

SUN   MON   TUE   WED   THU   FRI   SAT

JAN | FEB | MAR | APR | MAY | JUN | JUL | AUG | SEP | OCT | NOV | DEC

1 2 3 4 5 6 7 8 9 10 11 12 13 14 15 16 17 18 19 20 21 22 23 24 25 26 27 28 29 30 31

MEETING TOPIC:

ACTION ITEMS:	**NOTES:**

SUN   MON   TUE   WED   THU   FRI   SAT

JAN | FEB | MAR | APR | MAY | JUN | JUL | AUG | SEP | OCT | NOV | DEC

1 2 3 4 5 6 7 8 9 10 11 12 13 14 15 16 17 18 19 20 21 22 23 24 25 26 27 28 29 30 31

MEETING TOPIC:

ACTION ITEMS: **NOTES:**

| SUN | MON | TUE | WED | THU | FRI | SAT |

JAN | FEB | MAR | APR | MAY | JUN | JUL | AUG | SEP | OCT | NOV | DEC

1 2 3 4 5 6 7 8 9 10 11 12 13 14 15 16 17 18 19 20 21 22 23 24 25 26 27 28 29 30 31

MEETING TOPIC:

ACTION ITEMS:

NOTES:

SUN   MON   TUE   WED   THU   FRI   SAT

JAN | FEB | MAR | APR | MAY | JUN | JUL | AUG | SEP | OCT | NOV | DEC

1 2 3 4 5 6 7 8 9 10 11 12 13 14 15 16 17 18 19 20 21 22 23 24 25 26 27 28 29 30 31

MEETING TOPIC:

ACTION ITEMS: **NOTES:**

SUN   MON   TUE   WED   THU   FRI   SAT

JAN | FEB | MAR | APR | MAY | JUN | JUL | AUG | SEP | OCT | NOV | DEC

1 2 3 4 5 6 7 8 9 10 11 12 13 14 15 16 17 18 19 20 21 22 23 24 25 26 27 28 29 30 31

MEETING TOPIC:

ACTION ITEMS: | **NOTES:**

SUN   MON TUE WED THU FRI SAT

JAN | FEB | MAR | APR | MAY | JUN | JUL | AUG | SEP | OCT | NOV | DEC

1 2 3 4 5 6 7 8 9 10 11 12 13 14 15 16 17 18 19 20 21 22 23 24 25 26 27 28 29 30 31

MEETING TOPIC:

ACTION ITEMS:

NOTES:

JAN | FEB | MAR | APR | MAY | JUN | JUL | AUG | SEP | OCT | NOV | DEC

1 2 3 4 5 6 7 8 9 10 11 12 13 14 15 16 17 18 19 20 21 22 23 24 25 26 27 28 29 30 31

MEETING TOPIC:

ACTION ITEMS: **NOTES:**

SUN   MON   TUE   WED   THU   FRI   SAT

JAN | FEB | MAR | APR | MAY | JUN | JUL | AUG | SEP | OCT | NOV | DEC

1 2 3 4 5 6 7 8 9 10 11 12 13 14 15 16 17 18 19 20 21 22 23 24 25 26 27 28 29 30 31

MEETING TOPIC:

ACTION ITEMS:	NOTES:

SUN MON TUE WED THU FRI SAT

JAN | FEB | MAR | APR | MAY | JUN | JUL | AUG | SEP | OCT | NOV | DEC

1 2 3 4 5 6 7 8 9 10 11 12 13 14 15 16 17 18 19 20 21 22 23 24 25 26 27 28 29 30 31

MEETING TOPIC:

ACTION ITEMS: **NOTES:**

SUN   MON   TUE   WED   THU   FRI   SAT

JAN | FEB | MAR | APR | MAY | JUN | JUL | AUG | SEP | OCT | NOV | DEC

1 2 3 4 5 6 7 8 9 10 11 12 13 14 15 16 17 18 19 20 21 22 23 24 25 26 27 28 29 30 31

MEETING TOPIC:

ACTION ITEMS: **NOTES:**

SUN   MON   TUE   WED   THU   FRI   SAT

JAN | FEB | MAR | APR | MAY | JUN | JUL | AUG | SEP | OCT | NOV | DEC

1 2 3 4 5 6 7 8 9 10 11 12 13 14 15 16 17 18 19 20 21 22 23 24 25 26 27 28 29 30 31

MEETING TOPIC:

ACTION ITEMS:	NOTES:

SUN   MON   TUE   WED   THU   FRI   SAT

JAN | FEB | MAR | APR | MAY | JUN | JUL | AUG | SEP | OCT | NOV | DEC

1 2 3 4 5 6 7 8 9 10 11 12 13 14 15 16 17 18 19 20 21 22 23 24 25 26 27 28 29 30 31

MEETING TOPIC:

ACTION ITEMS:	**NOTES:**

SUN   MON   TUE   WED   THU   FRI   SAT

JAN | FEB | MAR | APR | MAY | JUN | JUL | AUG | SEP | OCT | NOV | DEC

1 2 3 4 5 6 7 8 9 10 11 12 13 14 15 16 17 18 19 20 21 22 23 24 25 26 27 28 29 30 31

MEETING TOPIC:

ACTION ITEMS: | **NOTES:**

SUN   MON TUE WED THU FRI SAT

JAN | FEB | MAR | APR | MAY | JUN | JUL | AUG | SEP | OCT | NOV | DEC

1 2 3 4 5 6 7 8 9 10 11 12 13 14 15 16 17 18 19 20 21 22 23 24 25 26 27 28 29 30 31

MEETING TOPIC:

ACTION ITEMS:	NOTES:

SUN   MON   TUE   WED   THU   FRI   SAT

JAN | FEB | MAR | APR | MAY | JUN | JUL | AUG | SEP | OCT | NOV | DEC

1 2 3 4 5 6 7 8 9 10 11 12 13 14 15 16 17 18 19 20 21 22 23 24 25 26 27 28 29 30 31

MEETING TOPIC:

ACTION ITEMS:

NOTES:

A	B	C	D	E	F	G	H	I	J	K	L	M	N	O	P	Q	R	S	T	U	V	W	X	Y	Z
							M						V	W					X						

H _ _ _ _ _   N _ _ _ _   T _ _   M _ _ _   _ _ _ _ _   T H _ N _   T H _ _ _ _
M J E U   J W   E Q X   V Q   J A Q Z X M B W S   X M B T

SUN   MON   TUE   WED   THU   FRI   SAT

JAN | FEB | MAR | APR | MAY | JUN | JUL | AUG | SEP | OCT | NOV | DEC

1 2 3 4 5 6 7 8 9 10 11 12 13 14 15 16 17 18 19 20 21 22 23 24 25 26 27 28 29 30 31

MEETING TOPIC:

ACTION ITEMS: | **NOTES:**

SUN   MON   TUE   WED   THU   FRI   SAT

JAN | FEB | MAR | APR | MAY | JUN | JUL | AUG | SEP | OCT | NOV | DEC

1 2 3 4 5 6 7 8 9 10 11 12 13 14 15 16 17 18 19 20 21 22 23 24 25 26 27 28 29 30 31

MEETING TOPIC:

ACTION ITEMS: | **NOTES:**

SUN   MON   TUE   WED   THU   FRI   SAT

JAN | FEB | MAR | APR | MAY | JUN | JUL | AUG | SEP | OCT | NOV | DEC

1 2 3 4 5 6 7 8 9 10 11 12 13 14 15 16 17 18 19 20 21 22 23 24 25 26 27 28 29 30 31

MEETING TOPIC:

ACTION ITEMS: **NOTES:**

SUN   MON   TUE   WED   THU   FRI   SAT

JAN | FEB | MAR | APR | MAY | JUN | JUL | AUG | SEP | OCT | NOV | DEC

1 2 3 4 5 6 7 8 9 10 11 12 13 14 15 16 17 18 19 20 21 22 23 24 25 26 27 28 29 30 31

MEETING TOPIC:

ACTION ITEMS: | **NOTES:**

SUN   MON   TUE   WED   THU   FRI   SAT

JAN | FEB | MAR | APR | MAY | JUN | JUL | AUG | SEP | OCT | NOV | DEC

1 2 3 4 5 6 7 8 9 10 11 12 13 14 15 16 17 18 19 20 21 22 23 24 25 26 27 28 29 30 31

MEETING TOPIC:

ACTION ITEMS: | **NOTES:**

SUN   MON   TUE   WED   THU   FRI   SAT

JAN | FEB | MAR | APR | MAY | JUN | JUL | AUG | SEP | OCT | NOV | DEC

1 2 3 4 5 6 7 8 9 10 11 12 13 14 15 16 17 18 19 20 21 22 23 24 25 26 27 28 29 30 31

MEETING TOPIC:

ACTION ITEMS:	NOTES:

SUN   MON   TUE   WED   THU   FRI   SAT

JAN | FEB | MAR | APR | MAY | JUN | JUL | AUG | SEP | OCT | NOV | DEC

1 2 3 4 5 6 7 8 9 10 11 12 13 14 15 16 17 18 19 20 21 22 23 24 25 26 27 28 29 30 31

MEETING TOPIC:

ACTION ITEMS: | **NOTES:**

SUN   MON   TUE   WED   THU   FRI   SAT

JAN | FEB | MAR | APR | MAY | JUN | JUL | AUG | SEP | OCT | NOV | DEC

1 2 3 4 5 6 7 8 9 10 11 12 13 14 15 16 17 18 19 20 21 22 23 24 25 26 27 28 29 30 31

MEETING TOPIC:

ACTION ITEMS: | **NOTES:**

SUN   MON   TUE   WED   THU   FRI   SAT

JAN | FEB | MAR | APR | MAY | JUN | JUL | AUG | SEP | OCT | NOV | DEC

1 2 3 4 5 6 7 8 9 10 11 12 13 14 15 16 17 18 19 20 21 22 23 24 25 26 27 28 29 30 31

MEETING TOPIC:

ACTION ITEMS:	**NOTES:**

I DON'T JUMP TO CONCLUSIONS, I CANNONBALL INTO THEM LIKE A BOSS.
- ANONYMOUS

SUN   MON TUE WED THU FRI SAT

JAN | FEB | MAR | APR | MAY | JUN | JUL | AUG | SEP | OCT | NOV | DEC

1 2 3 4 5 6 7 8 9 10 11 12 13 14 15 16 17 18 19 20 21 22 23 24 25 26 27 28 29 30 31

MEETING TOPIC:

ACTION ITEMS: | **NOTES:**

SUN   MON   TUE   WED   THU   FRI   SAT

JAN | FEB | MAR | APR | MAY | JUN | JUL | AUG | SEP | OCT | NOV | DEC

1 2 3 4 5 6 7 8 9 10 11 12 13 14 15 16 17 18 19 20 21 22 23 24 25 26 27 28 29 30 31

MEETING TOPIC:

ACTION ITEMS: | **NOTES:**

SUN   MON   TUE   WED   THU   FRI   SAT

JAN | FEB | MAR | APR | MAY | JUN | JUL | AUG | SEP | OCT | NOV | DEC

1 2 3 4 5 6 7 8 9 10 11 12 13 14 15 16 17 18 19 20 21 22 23 24 25 26 27 28 29 30 31

MEETING TOPIC:

ACTION ITEMS:	**NOTES:**

SUN   MON   TUE   WED   THU   FRI   SAT

JAN | FEB | MAR | APR | MAY | JUN | JUL | AUG | SEP | OCT | NOV | DEC

1 2 3 4 5 6 7 8 9 10 11 12 13 14 15 16 17 18 19 20 21 22 23 24 25 26 27 28 29 30 31

MEETING TOPIC:

ACTION ITEMS:	**NOTES:**

by Roddy Thorleifson   no rights reserved

SUN   MON   TUE   WED   THU   FRI   SAT

JAN | FEB | MAR | APR | MAY | JUN | JUL | AUG | SEP | OCT | NOV | DEC

1 2 3 4 5 6 7 8 9 10 11 12 13 14 15 16 17 18 19 20 21 22 23 24 25 26 27 28 29 30 31

MEETING TOPIC:

ACTION ITEMS: | **NOTES:**

SUN   MON   TUE   WED   THU   FRI   SAT

JAN | FEB | MAR | APR | MAY | JUN | JUL | AUG | SEP | OCT | NOV | DEC

1 2 3 4 5 6 7 8 9 10 11 12 13 14 15 16 17 18 19 20 21 22 23 24 25 26 27 28 29 30 31

MEETING TOPIC:

ACTION ITEMS: | **NOTES:**

SUN   MON   TUE   WED   THU   FRI   SAT

JAN | FEB | MAR | APR | MAY | JUN | JUL | AUG | SEP | OCT | NOV | DEC

1 2 3 4 5 6 7 8 9 10 11 12 13 14 15 16 17 18 19 20 21 22 23 24 25 26 27 28 29 30 31

MEETING TOPIC:

ACTION ITEMS: NOTES:

SUN   MON   TUE   WED   THU   FRI   SAT

JAN | FEB | MAR | APR | MAY | JUN | JUL | AUG | SEP | OCT | NOV | DEC

1 2 3 4 5 6 7 8 9 10 11 12 13 14 15 16 17 18 19 20 21 22 23 24 25 26 27 28 29 30 31

MEETING TOPIC:

ACTION ITEMS:	NOTES:

SUN   MON TUE   WED THU   FRI   SAT

JAN | FEB | MAR | APR | MAY | JUN | JUL | AUG | SEP | OCT | NOV | DEC

1 2 3 4 5 6 7 8 9 10 11 12 13 14 15 16 17 18 19 20 21 22 23 24 25 26 27 28 29 30 31

MEETING TOPIC:

ACTION ITEMS:

NOTES:

SUN   MON   TUE   WED   THU   FRI   SAT

JAN | FEB | MAR | APR | MAY | JUN | JUL | AUG | SEP | OCT | NOV | DEC

1 2 3 4 5 6 7 8 9 10 11 12 13 14 15 16 17 18 19 20 21 22 23 24 25 26 27 28 29 30 31

MEETING TOPIC:

ACTION ITEMS: | **NOTES:**

SUN   MON   TUE   WED   THU   FRI   SAT

JAN | FEB | MAR | APR | MAY | JUN | JUL | AUG | SEP | OCT | NOV | DEC

1 2 3 4 5 6 7 8 9 10 11 12 13 14 15 16 17 18 19 20 21 22 23 24 25 26 27 28 29 30 31

MEETING TOPIC:

ACTION ITEMS:	NOTES:

SUN   MON   TUE   WED   THU   FRI   SAT

JAN | FEB | MAR | APR | MAY | JUN | JUL | AUG | SEP | OCT | NOV | DEC

1 2 3 4 5 6 7 8 9 10 11 12 13 14 15 16 17 18 19 20 21 22 23 24 25 26 27 28 29 30 31

MEETING TOPIC:

ACTION ITEMS: | **NOTES:**

SUN   MON   TUE   WED   THU   FRI   SAT

JAN | FEB | MAR | APR | MAY | JUN | JUL | AUG | SEP | OCT | NOV | DEC

1 2 3 4 5 6 7 8 9 10 11 12 13 14 15 16 17 18 19 20 21 22 23 24 25 26 27 28 29 30 31

MEETING TOPIC:

ACTION ITEMS: | **NOTES:**

SUN   MON TUE WED THU FRI SAT

JAN | FEB | MAR | APR | MAY | JUN | JUL | AUG | SEP | OCT | NOV | DEC

1 2 3 4 5 6 7 8 9 10 11 12 13 14 15 16 17 18 19 20 21 22 23 24 25 26 27 28 29 30 31

MEETING TOPIC:

ACTION ITEMS: | **NOTES:**

SUN   MON   TUE   WED   THU   FRI   SAT

JAN | FEB | MAR | APR | MAY | JUN | JUL | AUG | SEP | OCT | NOV | DEC

1 2 3 4 5 6 7 8 9 10 11 12 13 14 15 16 17 18 19 20 21 22 23 24 25 26 27 28 29 30 31

MEETING TOPIC:

ACTION ITEMS: **NOTES:**

SUN MON TUE WED THU FRI SAT

JAN | FEB | MAR | APR | MAY | JUN | JUL | AUG | SEP | OCT | NOV | DEC

1 2 3 4 5 6 7 8 9 10 11 12 13 14 15 16 17 18 19 20 21 22 23 24 25 26 27 28 29 30 31

MEETING TOPIC:

ACTION ITEMS: | **NOTES:**

WHAT'S THE DIFFERENCE BETWEEN THE GENERAL MANAGER, THE PRESIDENT AND THE C.E.O ?

WELL SONNY, IT'S SORT OF LIKE THE DIFFERENCE BETWEEN THE HEAD HONCHO, THE TOP DOG, AND THE BIG CHEESE.

SUN   MON   TUE   WED   THU   FRI   SAT

JAN | FEB | MAR | APR | MAY | JUN | JUL | AUG | SEP | OCT | NOV | DEC

1 2 3 4 5 6 7 8 9 10 11 12 13 14 15 16 17 18 19 20 21 22 23 24 25 26 27 28 29 30 31

MEETING TOPIC:

ACTION ITEMS:	**NOTES:**

SUN   MON   TUE   WED   THU   FRI   SAT

JAN | FEB | MAR | APR | MAY | JUN | JUL | AUG | SEP | OCT | NOV | DEC

1 2 3 4 5 6 7 8 9 10 11 12 13 14 15 16 17 18 19 20 21 22 23 24 25 26 27 28 29 30 31

MEETING TOPIC:

ACTION ITEMS: **NOTES:**

SUN   MON   TUE   WED   THU   FRI   SAT

JAN | FEB | MAR | APR | MAY | JUN | JUL | AUG | SEP | OCT | NOV | DEC

1 2 3 4 5 6 7 8 9 10 11 12 13 14 15 16 17 18 19 20 21 22 23 24 25 26 27 28 29 30 31

MEETING TOPIC:

ACTION ITEMS:	**NOTES:**

SUN   MON   TUE   WED   THU   FRI   SAT

JAN | FEB | MAR | APR | MAY | JUN | JUL | AUG | SEP | OCT | NOV | DEC

1 2 3 4 5 6 7 8 9 10 11 12 13 14 15 16 17 18 19 20 21 22 23 24 25 26 27 28 29 30 31

MEETING TOPIC:

ACTION ITEMS:	NOTES:

I'M RETIRED. I WAS TIRED YESTERDAY AND I'M TIRED AGAIN TODAY.
-ANONYMOUS

PUZZLE ANSWERS

A	B	C	D	E	F	G	H	I	J	K	L	M	N	O	P	Q	R	S	T	U	V	W	X	Y	Z
			J			V	Q				B	N						G							

M Y G O A L M A K E I T T O T H E W E E K E N D
B U V E F M B F A D H G G E G Q D Z D D A D N J

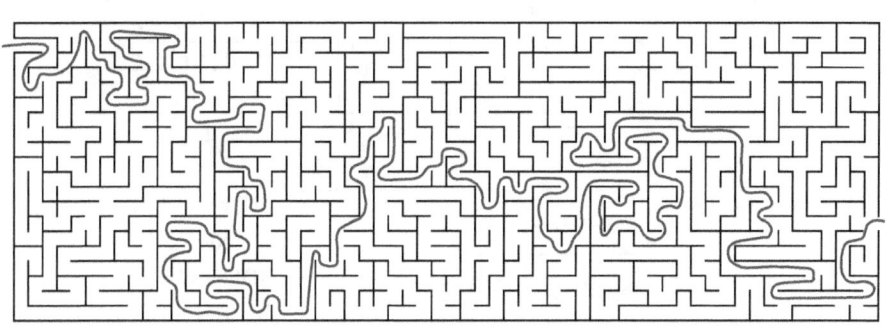

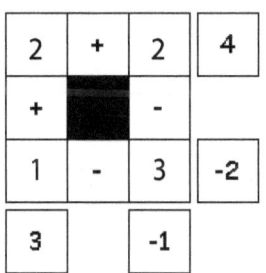

A	B	C	D	E	F	G	H	I	J	K	L	M	N	O	P	Q	R	S	T	U	V	W	X	Y	Z
	U					A	J					D	N												

B _ _ N _ _ _ G B _ N G H M _ H
U K C P N B C C M P A U T P N A C J I D B R J B

B _ _ N
U X O I N

BUSINESS PIG BRINGS HOME THE BACON

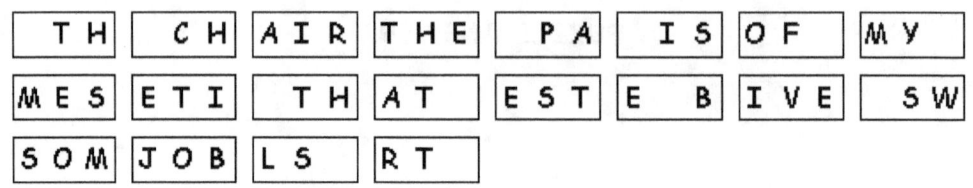

TH	CH	AIR	THE	PA	IS	OF	MY
MES	ETI	TH	AT	ESTE	B	IVE	SW
SOM	JOB	LS	RT				

THE BEST PART OF MY JOB IS THAT THE CHAIR SWIVELS

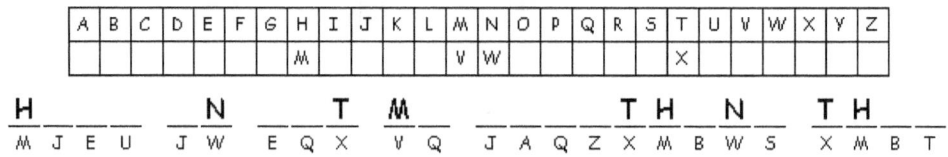

NYEEMNUTMPOL	UNEMPLOYMENT
RIKTES	STRIKE
DOILYAH	HOLIDAY
RETMIENETR	RETIREMENT
OEND	DONE
TEESIRDPN	PRESIDENT
TEEVOIRM	OVERTIME
NIELDMSS	MINDLESS

EMPLOYEE

A	B	C	D	E	F	G	H	I	J	K	L	M	N	O	P	Q	R	S	T	U	V	W	X	Y	Z
							M					V	W						X						

H _ _ _   N _ _   T _ M _ _ _   T H _ N _   T H _ _
M J E U   J W   E Q X   V Q   J A Q Z X M B W S   X M B T

HOLD ON LET ME OVERTHINK THIS

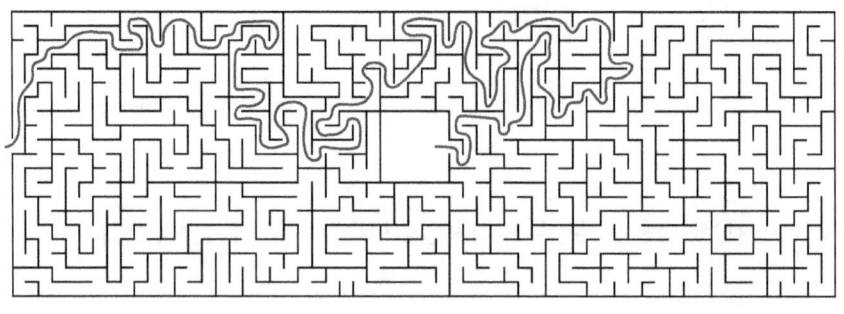